LAGRIMAS SOBRE EL PAPEL

LAGRIMAS
SOBRE
ELPAPEL

Una mente necesita un libro como una espada necesita su piedra de afilar
(George R. R. Martin)

Edición e impresión por BoD-BooKs on Demand info@bod.com.es-www.bod.com.es
Impreso en Alemania-Printed in Germany
ISBN:9788413263182

Lagrimas sobre el papel

Edurne Domínguez Puig

"El corazón fue hecho para ser roto."
Oscar Wilde

No es que haya fallado,
simplemente,
me he topado con 5000 caminos
equivocados.

Thomas Edison

Prólogo

Hola soy Edurne, en tinta y papel, primero quiero darte las gracias por leer esto, es muy importante para mí porque aquí están escritos todos mis sentimientos, como pienso yo una forma fácil de conocerme, no pretendo convertirme en alguien conocido ni con fama ni nada de eso, simplemente quiero que leáis esto y me conozcáis más, me da absolutamente igual si este libro lo compran 4 o 5 o 1 persona o si lo compráis y lo dejáis olvidado en un cajón yo estaré orgullosa de mí misma igualmente y segundo lee atentamente porque si crees conocerme estas muy equivocado, y por favor si te sientes identificado con algo que este escrito aquí dímelo, me haría muy feliz saber que alguien se ha sentido identificado con mis relatos.

Nos enseñaron

De pequeños nos enseñaron a reír y vivir felices, nunca mirar el lado negativo de las cosas, pero decirme, padres del mundo, que lado veis vosotros cuando os enfadáis, dime padre o madre que lado positivo tengo que ver cuando me paren los pies o cuando me rechacen en los sitios, no digo que desde pequeños nos digáis que la vida va a ser dura, muy muy dura, que nos van a parar mucho los pies, tanto que hay días que no vamos a querer ni andar, que hay días que la tormenta vendrá y que la calma nunca va a llegar, que el lado positivo que miremos será más negro que un puto pozo sin agua. Tampoco digo que nos digáis que nos caeremos tantas veces que la herida dejara de doler, porque nosotros pensaremos que nos caeremos de verdad y no nos levantaremos solo por el miedo a que la herida duela, dejarnos, simplemente ayudarnos a levantarnos porque si nos dejáis caer y no nos ayudáis a levantarnos no sabremos cómo hacerlo y nunca aprenderemos a levantarnos y será muy difícil perderos y caer, pero no poder levantarnos solo por falta de práctica, mis padres siempre me ayudaron a levantarme tantas veces que cuando me caigo sé levantarme.

Puede que pienses que son unos padres muy arriesgados por dejar caer a su hija y no pararla antes de caer pero a mí me educaron muy diferente de como educa hoy en día la gente a sus hijos, a mí de pequeña ya me enseñaron que la vida me parara muchas veces, que no me dejara andar que habrá muchas puertas cerradas y muy pocas abiertas, que ellos me daban libertad para hacer lo que me diera la gana con mi vida, que cuando me caiga ellos estarán allí para extenderme la mano, que de los errores si se aprende, que habrá días que la respiración se parara, que el futuro puede llevar muchas sorpresas y muchas decepciones encima, que para todo hay solución (menos la muerte), que la vida es mejor afrontarla con una sonrisa, puede que haya madurado antes de lo que tendría que haber madurado pero no somos manzanas así que estoy orgullosa de haber madurado antes de llevarme el golpe y no saber lo que hacer, porque ya sé la práctica y truco para afrontarlo y todo gracias a mis padres. No me gustaría levantarme un día y que ellos no estén para decirme que todo irá bien, que no me tengo que preocupar porque cuando ese día llegue mi respiración sí que se pausara y no podré ponerla en marcha porque me quedaré sin recursos para afrontar las cosas, puede que ahora lo vea todo de color pero habrá días que mi vista no verá más que un negro oscuro que no sabré destapar así que, padres, dejar a vuestros hijos caer, e hijos sujetar bien la mano de vuestros padres, puede que el día menos pensado no tengáis su mano para levantaros y por ultimo gracias padre y madre. Padre por adoptarme como si fuera tu hija y por cuidarme como si fuera tu joya más preciada, gracias por apoyarme y cuidarme en todo y gracias por las tardes de chofer, gracias por inculcarme los valores que tengo, gracias por llevarme a conocer mundo y gracias por la cultura que he recibido. Madre por traerme a la vida, gracias por dejarme caer y ayudarme a levantarme todas las veces posibles, gracias por las risas y los llantos, por los momentos bonitos, por las tardes de chicas, por los secretos bien guardados, por ayudarme a afrontar los problemas, gracias por apoyarme y entenderme (que es muy difícil) en mis decisiones, gracias por la libertad de expresarme como quiera, gracias por enseñarme la parte dulce y agria de la vida. Gracias simplemente por ser vosotros.

No me conoces

No me conoces tanto como para saber que me pasa, no me conoces tanto como para decirme que hacer para solucionarlo, no me conoces tanto como para verme indefensa o pequeña, ni para saber mis miedos, ni si me gusta o no mi cuerpo ni siquiera sabes porque me quedo tantas horas acariciando tu pelo u observando tus ojos color miel, ni para saber si soy a prueba de balas o de que son mis cicatrices, ni siquiera para saber el motivo el cual mis lágrimas se resbalan por mi cara cada noche, no sabes si tengo o no manías, ni siquiera para saber mis inseguridades así que si me quieres conocer de verdad antes pregúntate una cosa ¿me conoces bien? O ¿de verdad que quieres conocerme?

Sola

Muchos me preguntan que si alguna vez me he sentido sola, mi respuesta es sí, muchas veces, además ese sentimiento siempre está, puedes camuflarlo si quieres, puedes ponerte una máscara y ocultarle a la gente que te sientes sola y sonreírles muy falsamente pero nunca se ira ese sentimiento de soledad, de notar que tu mundo alrededor gira, pero tú no, te sientes pequeña, como fuera de lugar, preocupada porque no quieres que nadie se preocupe por ti, como odias que te mire la gente por si notan algo raro en ti, como notas que algo en ti se va rompiendo poco a poco y eso no hay pegamento suficientemente fuerte para arreglarlo, puedes fingir y decirle a todo el mundo que estas bien y que no te pasa nada pero sabes perfectamente que eso no es así, así que la respuesta es sí, me he sentido sola y si, sé cómo es el sentimiento, el sentimiento de querer llorar a todas horas porque no tienes a quien té de su hombro, ni siquiera para que te diga que todo va a ir bien, alguien que té de sus brazos para tranquilizarte, así que tranquilo, porque yo he sentido lo mismo.

Donde nací

Siempre me he dicho que si algún día escribo un libro tengo que hablar de donde nací o al menos es lo que hacen todos los que escriben libros que pintan su "tierra" como algo maravilloso que nunca olvidaran, yo siento decirte que eso no es así, donde nací no tengo muy buenos recuerdos no por la ciudad si no por la compañía que hay en ella, cuando nací mis padres se separaron así que algún que otro verano iba a visitar a mi padre pero nunca duraba un mes allí, recordar eso es como quemarte la piel con un mechero encendido a todo gas. Estar allí era como estar sola en compañía de muchos, mi padre nunca aparecía por allí porque trabajaba, solo venia por las noches, y no lo culpo era su trabajo y lo entendía, mi hermano estaba todo el santo día en la puñetera consola y yo nunca fui de videojuegos siempre me tiraba más a los libros, estaba sola sentada en mi rincón favorito de esa estúpida casa, la terraza, me sentaba allí en el suelo y pensaba en porque tenía que venir aquí si ni siquiera existía para ellos, lo único bonito que recuerdo es mis abuelos que me sacaban a todos los lados me llevaban a comprar el pan, a dar un paseo por el barrio a ir a algún pueblo perdido con el tranvía y mi tía esa que me llevaba a todos los lados con ella, que me llevaba hasta la punta más escondida de esa puta ciudad, incluso mi tío que me llevaba a almorzar a bares desconocidos. Adoro esa ciudad, pero los recuerdos que hay en ella no, por suerte más tarde con mis 12 años descubrí que mi madre tenía unos primos que no veía desde pequeña y ahí descubrí la magia de la familia, lo que antes era aburrimiento se convirtió en risas y lágrimas de alegrías.

Diciembre

Nuevo mes, pronto nuevo año, y de aquí poco nueva década, y cuando esta década se acabe todos los besos, abrazos, lágrimas y carcajadas, se irán con ella y volverás a una nueva década un "comenzamos de cero" todo lo que has hecho se borrara, y de todo lo que te arrepientes de haber hecho se olvidara, sinceramente me parece bien que todo quede en borrón y cuenta nueva, aquí se demostrara que todos tenemos dos caras como las monedas, que la cagamos mil veces y nos arrepentimos otras mil, que todos tenemos secretos y que mientras le hemos hundido a alguien la vida le sonreirás a tu madre y le dirás un feliz navidad como si jamás le hubieras mentido, a tu padre también le dirás feliz navidad aunque este año solo hayas hecho que mentirles, y a tu mejor amiga le dirás que quieres pasar más años como este con ella, años en los que no has parado de cagarla y después arrepentirte, esto lo escribo por ti y por mí porque yo soy el claro ejemplo de decir feliz navidad cuando detrás de esas palabras solo hay arrepentimiento y mentiras, así que feliz navidad.

Ansiedad

Tu respiración se pausa, notas como tu pecho te pesa, como el aire que tus pulmones inhalan te quema por dentro, como tus lagrimas descontroladas por la ansiedad bajan por tus finas mejillas, como se te hace un nudo en la garganta y te cuesta tragar la poca saliva que queda en tu boca, esa que se va rompiendo cada vez más a causa de sacar suspiros y sollozos, como tu propia piel te molesta, como te sientes perdida en un mar de miedos incontrolables, las piernas te tiemblan, como poco a poco te vas ahogando en un mar que ni siquiera existe, como tus sollozos cada vez son más fuertes, como te vas haciendo cada vez más pequeña, como cierras los ojos deseando que eso sea un sueño porque tienes miedo, mucho miedo, deseas que el monstruo que nunca existió se vaya del armario, pero ese deseo no llega, nunca llega.

Me he hecho mayor

Me echo mayor, lo admito, antes era esa pequeña que corría por casa en pañal porque odiaba la ropa, antes era esa que se vestía de princesa siempre, aquella que jugaba a los juguetes y se imaginaba historias, aquella que lloraba cuando se daba algún golpe o se caía, aquella que odiaba los dragones y el fuego.

Ahora soy la que no puede salir de casa si no se siente cómoda con la ropa, la que odia vestirse de princesa, porque prefiere vestirse de guerrera, la que ha dejado de imaginarse historias porque prefiere escribirlas, la que no cree en los cuentos de hadas ni en pulgarcita, la que odia a los príncipes porque cree que las princesas se pueden salvar perfectamente solas, la que es amiga de los dragones y la que ama el fuego, la que si llora es por algún golpe, sí, pero emocional, la que cuando se cae respira y se vuelve a levantar.

¿Qué me pasa?

Enserio me estas preguntando si estoy bien mientras las lágrimas hacen ríos por mis mejillas, porque si es así menuda pregunta más estúpida. Joder, no quiero que me preguntes nada, simplemente, quiero que me abraces, que me digas que todo va a estar bien, que no me preocupe, que vas a estar ahí pase lo que pase y sea lo que sea, entonces, y solo entonces me podrás preguntar que me pasa. Te lo intentare explicar, eso sí, si mi respiración y mis sollozos me dejan, te diré lo que me pasa, si no tú limítate a abrazarme y no preguntar, porque puede que ahora mismo me esté rompiendo en mil pedazos y tú seas el único soporte que tenga ahora mismo, puede que mi mundo se esté viniendo abajo y note como la ansiedad me está saludando otra vez, como las pesadillas vuelven a reencontrarse con mi mente así que mírame a los ojos y dime que no va a pasar nada, que puedo confiar en ti y que no te vas a largar a la primera de cambio.

Imperfecta

A veces pienso que estoy en un mar, este contiene todos mis problemas y desgracias, noto como poco a poco me voy ahogando cada vez más rápido, cada día que pasa es uno más en el que me voy ahogando, levanto mi cabeza para coger aire, pero es imposible. Chica perfecta decían y una mierda, jamás he sido una chica perfecta, primero porque no existen y segundo porque no lo soy. Nunca he sido de tener seguridad en mí, siempre he tenido inseguridades, imperfecciones que según dicen me hacen especial, yo nunca lo vi así, pero supongo que cada uno ve lo que cree, yo nunca me creí especial, pero sí que me creí una cosa, que siempre quiera o no mi mayor especialidad es ser imperfecta. Porque ser imperfecta es lo mejor que te puede pasar en la vida ser diferente y no llevarlo todo a la perfección es lo mejor, no comerse la cabeza pensando en que si no soy perfecta nadie te querrá, mentira, porque sé que yo soy lo más imperfecto que puede haber en este mundo y tengo gente que cada día que pasa me demuestra que me quieren así o rota. De hecho, no creo que encuentres a nadie perfecto en esta vida, simplemente porque siempre la cagamos y siempre metemos la pata, si, cometemos errores ¿y qué? Dicen que de los errores se aprenden así que voy a seguir cometiendo errores toda mi vida y voy a seguir siendo imperfecta, muy imperfecta.

De hecho, un gran amigo me dijo que ser imperfecto es lo que te hace perfecto. Toda la razón.

Jodida

Esos momentos son en los que me doy cuenta de que lo había jodido todo, que solo quería llorar hasta quedarme sin lágrimas, solo quería cerrar bien fuerte los ojos y doblar bien las piernas para ver si así igual despertaba de la pesadilla, ¿la mala noticia? No era una pesadilla.

No me salían las palabras para levantarme y enfrentarme al mundo, no podía ni levantarme del suelo. Poco a poco fue viniendo la ira acompañada de la impotencia y la culpabilidad de saber que lo podía haber hecho mejor y que no habría pasado eso, pero, qué más da si el daño ya está hecho.

Miedo

Imagínate a ti mismo hablando con tus amigos de risas y de repente uno habla

- ¡Oye! ¿Cuál es vuestro miedo?

Pum. Golpe de realidad, puede que no te hayas dado cuenta, pero ahora mismo todo está en silencio, entonces responden.

-Yo a las arañas

Y vuelven las risas.

- ¿Y tú?

¿Entonces te pones a pensar que es lo que más te aterra en este mundo? ¿la soledad? sí, tu miedo es despertarte un día y ver que has decepcionado tantas veces a la gente que han dejado de aguantar tus traiciones, que te han dejado sola, que ya no están para salvarte las espaldas.

-A las arañas.

No necesito lecciones de vida

No necesito lecciones de vida para saber que en este país necesitare mucha suerte para cumplir mis sueños, no necesito saber que aquí la política nunca es limpia y que más de uno se ha llevado un maletín con dinero manchado de esfuerzos y sudor de otras personas, no necesito saber que si algún día tengo hijos será muy duro criarlos y que no te echen del trabajo, no necesito saber que voy a tener que hincar codos muchas horas para sacarme una carrera que me habrá alguna puerta o incluso alguna ventana para poder llenar mi nevera, no necesito saber que voy a sufrir enamorándome mil veces de personas equivocadas, y que alguna que otra persona de mi entorno me abandonara, por eso cuando alguien me siente en una silla y me diga te voy a hablar de tu futuro o de cómo va a ser tu vida yo solo le sonreiré y le diré que no necesito lecciones de vida.

Tormenta

Cuando me preguntan que si me gustan los rayos del sol les respondo que ¿Qué es el sol?, ¿Qué por qué? Pues porque en mi ventana nunca ha entrado ni un solo rayo de luz, porque en mi ventana llueve día sí y día también, solo caen gotas de lluvia que golpean con fuerza mi cristal para empaparme, más de una ha hecho una grieta pero nunca en estos 13 años de vida han podido hacer ni siquiera un solo agujero a mi duro cristal resistente a la lluvia toxica, a veces truena, siempre en la misma dirección, mi ventana, intentan agujerear tanto mi ventana que muchas veces me he quedado ciega al ver directa la luz de aquel estúpido rayo que intenta entrar en mí, muchas veces sale el sol pero nunca en mi ventana, así que si a ti te da la luz solar y no la lluvia toxica te felicito.

Me encanto

Me encanto cuando mi piel brilla por el agua, cuando me veo bonita en el espejo, me encanto cada día más, o cuando canto en el coche mi canción favorita también me encanto, cuando leo y estoy inmersa en mis pensamientos o cuando me tumbo en la cama con los cascos a llorar también me encanto, me encanto nerviosa antes de empezar una firma o un concierto, me encanto llorona después de acabarlo, me encanto rota, decepcionada y enfadada, me encanto riendo, me encanto despeinada y con el rímel esparcido por mis mejillas. Me encanto tal y como soy y no hay malos comentarios hacia mí que me desencanten. Tú también te deberías encantar porque seas como seas eres lo más bonito que va a ver tu espejo durante los 365 días del año.

Paz

Y ahí estaba yo andando una fría noche de invierno, sola, por esas calles tan oscuras de esa triste y solitaria ciudad, no se escuchaba nada solo el ruido del viento, mis dientes tiritando, mis ojos lo observaban todo con rareza y con duda y el ruido que hacían las hojas cuando mis pies caían sobre ellas me producía seguridad, seguridad de saber que estoy pisando esa acera, que ahí estaba yo, yo el viento y el silencio, entonces comprendí que en el silencio se encuentra la paz, la paz de poder estar tú y tus pensamientos solos, la paz de que nadie te hable y te moleste, paz simplemente.

Adiós

Es ahí cuando entiendo que es un adiós, entiendo lo que es caerse en un puto pozo negro, que te coja la tormenta, que el agua te cale tan hondo que te inunde los pulmones, que vivas ahogado y sin luz que te alumbre el camino correcto.

Lo entendí cuando me miraste y me susurraste muy lento que lo sentías, mi pregunta es ¿qué sentías? Y tú respuesta fue que todo, ya, si tú supieras lo que era todo...todo era haberme soltado cuando estaba a punto de caerme o haberme empujado cuando me estaba levantando, haber puesto más piedras en el camino de las que tocaba, eso y más era todo y no creo que tengas tantos argumentos para pedir perdón.

Verdad

VERDAD.

Palabra de 6 letras que nos da tanto miedo, seguramente ahora mismo en tu cabeza pensaras: no a mí no me da miedo, claro que no, si la verdad es agradable no da miedo, pero y si es algo que no quieres oír, una mala noticia, por ejemplo, ahí la verdad duele, duele y mucho, pero como se puede maquillar no es importante ¿no? Siempre decimos de ir con la verdad por delante, pero a la hora de hacerlo nos engañamos a nosotros y a la otra gente transformando una verdad que ni siquiera existe. Lo peor es que si crees que has ganado mucho no contándole a esa persona la verdad estas muy equivocado porque quieras o no la verdad siempre sale a la luz y te aseguro por experiencia que no todo es de color rosa cuando la gente descubre tu verdad. Así que después de haber leído esto si tienes una verdad dila, aunque duela no siempre la mentira te va a hacer más fácil el camino.

Rara ciudad

Extraña brisa de rara ciudad, ruidosos los coches de la ciudad fantasma, silencio en la madrugada de la ciudad perdida en el mapa, hogar para muchos, inexistente para otros, persianas bajadas y nunca subidas, miradas de extraños, críticas de los más conocidos.

Aquí no hay conciertos de verano magníficos, no hay ruido en las calles cuando es fin de año, no hay Gran Vía ni obras de teatro venidas de Broadway. Existen las pandillas de amigos, botellones los viernes, peleas los jueves, lagrimas los martes y risas los lunes.

Cuando el mundo me haga desaparecer

El día en que todo este sufrimiento deje de doler quizás el mundo sea mejor, quizás mi vista se vuelva de colores e incluso mi ansiedad disminuya, pero sé que lo que estoy pidiendo jamás pasara así que cada vez iré muriendo más por dentro y el mundo me hará desaparecer, el día que pase eso sé que los pétalos de mi rosa volverán a su capullo, las luces de mi interior volverán a ser encendidas, en el porche de mi casa dejara de llover e incluso tronar, las sonrisas de la gente volverán a aparecer, los fuegos artificiales volverán a hacer su espectáculo, puede que algunos lloren en mi nombre pero sé que muchos sonreirán. Las melodías dulces se volverán en canciones para bailar y las estrellas volverán a hacer constelaciones.

Casa

Cuando tenía 10 años y pensaba en mi casa del futuro, decía que quería una casa pequeña porque la grande dejaría que se notase demasiado la soledad, si, ya sabía que estaría sola de mayor puesto que tarde o temprano la gente se va dando cuenta de cómo soy y se va alejando de mí, también quería que tuviera ventanas grandes para que entrara luz en esa solitaria y triste casa y también para que me hicieran de barrera, que me alejaran del mundo pero también que me recordasen que allí estaba que si quería podía salir travesar el cristal y ser otra, también quería que las paredes de mi habitación fueran gruesas así nadie podría escuchar mis sollozos cada noche, tampoco quería mascotas pues se morirían de tristeza.

Débil

Tu piel no es papel así que no la cortes, tu cuerpo no es un cuadro así que no le busques defectos, tu vida no es un libro así que no dejes de escribir capítulos sobre ella y tu no eres débil, porque yo te he visto levantar a otras personas del más profundo fracaso sin darte cuenta que tú estabas tan hundida como ellas, puede que el reflejo de tu espejo te repita una y otra vez que eres débil, y puede que no te muestre a la gran luchadora que llevas dentro pero te puedo asegurar que yo si he observado como luchabas contra el mundo cuando el mundo luchaba contra ti, te he admirado cuando sonreías mientras por dentro te estabas rompiendo y todo para que las personas que te envuelven sigan sonriendo, así que si te vuelves a llamar débil mira al estúpido reflejo de ese espejo y dile que no, que no eres débil y que tú puedes con esto y más.

No me quiero enamorar

No me quiero enamorar, porque si te enamoras es lo peor que te puede pasar, enamorarse significa volverse una persona débil y vulnerable la cual cae a los pies de la otra persona débil como ella, a mí me ha costado mucho tiempo volverme una persona fuerte y segura de sí misma y cuando te enamoras también te conviertes en cristal fácil de romper, y yo ya estoy suficientemente rota como para volverme a romper por una persona la cual me puede dar muchas alegrías pero que me romperá y me volverá a construir como si de una pieza de lego se tratara, y yo no quiero un futuro lleno de cristales ni pegamentos.

El amor duele, te corta y te quema por dentro, las mariposas que revolotean nerviosas por tu estómago se hacen caníbales y te comen por dentro hasta que te matan, el amor es el arma más dolorosa que puede existir, es la serpiente más venenosa, la droga que más mata pero que todos prueban.

Tranquilidad

Hace tiempo que pienso que esta palabra está a punto de extinguirse, hace tiempo hace tiempo que no siento la tranquilidad que uno debe sentir, la tranquilidad de los dedos de mama acariciando tu pelo para que te duermas, la de dormir hasta tarde y que nadie te moleste ni te diga nada, la tranquilidad de una tarde viendo cualquier serie de cualquier plataforma, pero eso se ha quedado en el olvido hace tiempo que todo es oscuro, todo se derrumba a mi alrededor, no ha vuelto a salir el sol, el mar no está en calma y mama ha dejado de acariciarme el pelo.

Lo siento

Para empezar voy a decir que lo siento, siento no ser la correcta, padres siento no ser la hija perfecta, siento no ser la amiga perfecta, siento no ser el mejor amor, siento que me hayáis conocido e incluso me pido perdón a mi misma por no aceptarme y por repetirme cada día que no soy suficiente y que nunca lo seré, siento haberme dañado la piel, siento haber desgastado lágrimas por tanto y por nada siento haberme roto y no poder construirme, siento odiarme, siento ser yo misma y siento escribir esto.

Cristales rotos

Camino descalza sobre cristales rotos, inmune a las heridas de sangre y a las cicatrices de fuego, cristales proyectando un reflejo de una persona que no soy yo, persona que es fantasma en un mundo de vivos, lágrimas en una fiesta, y la muerte en un bautizo, al mirarme soy piel desgastada y cosida cientos y cientos de veces, he perdido color y me he convertido en la protagonista de una película de Tim Burton en blanco y negro, no tengo cuerdas vocales para gritar todo lo que siento y no tengo fuerzas para levantarme, tengo un corazón de cristal roto pegado con celo, tengo veneno en la boca y espinas de rosa atraviesan mi espalda y ahora que me doy cuenta soy un cristal lleno de grietas abiertas.

Consejos de amiga

Una buena amiga me dijo una vez que cuando me hundiera traspasara todo ese dolor al papel, hoy, después de mil veces hundida he decidido hacerlo, aunque no estoy muy convencida ya que esto no es un diario y me censurarían si escribiese todo mi dolor.

Ahora mismo mientras escribo esto me estoy rompiendo, que irónico viniendo de mí ya que siempre lo hago, siempre quiera o no me rompo, acabo rota como ese vaso que ha todos se nos ha caído alguna vez al suelo. Es raro escribir esto sin tener un motivo por el cual hoy me estoy rompiendo, pero me he dado cuenta de que no necesitamos un motivo para todo y menos para estar mal, así que cuando te pregunten que porque estas así permítete decir que no tienes ninguna razón y que no tendrías por qué tenerla.

El mundo ha cambiado

Hemos cambiado, ha llegado algo inesperado y todo lo bueno se ha borrado, hemos ocultado sonrisas detrás de una mascarilla y ya no hay contacto físico, el mundo ha cambiado y con ello las personas, hemos ido a peor y yo pensaba que eso no podía ser, este no es el apocalipsis que yo me pensaba que iba a haber pero está claro que esto es mucho peor, se han arruinado las vidas de muchas personas tanto en carrera como en vida personal, yo incluyéndome en el saco está claro, y el vacío que tenía va aumentando semana a semana, el mundo ha cambiado y hemos dejado de dormir, ojeras han aumentado y sonrisas de pega se han convertido en la moda, el alcohol no cura penas y la muerte tiene una gran lista de reclutados para la guerra, el mundo ha cambiado y no le sienta nada bien.

Carta para Nadie

Quería decirte que si tienes a tu alcance viajar coge el coche y vete lejos, si tienes a tu alcance el mar hunde tus dedos en la arena y no salgas de ahí en semanas, tírate al mar de cabeza y quédate hasta que se te arrugue la piel, ve a restaurantes Nadie, ríete y no de mentira, ve a un bosque y respira el aire de ese panorama y escucha a algún pájaro cantar, abraza Nadie, besa y olvídate de todo lo demás, escucha nueva música y no pises cama si no es para dormir, llega tarde a casa y bebe tequila, emborráchate y no mires atrás, por una vez siéntete libre, olvídate de tiempos, verbos, tele y política, apaga el móvil y déjate el cargador en casa, sé tú Nadie, aunque cueste sé tú y vive Nadie vive.

Contacto físico

Echo de menos un abrazo cálido acompañado de un beso, en la frente en los labios o en el cuello, pero echo de menos el mínimo contacto físico, un abrazo de aquí estoy, uno de ven aquí que te he echado de menos y uno de eres lo mejor de mi vida, rozar la mano del chico que te gusta y que tus mejillas se pongan rojas, un masaje en la espalda o una caricia por el hombro, aquellas caricias que acababan con los dedos de alguien enredados por mi pelo, usar la pierna de alguien como almohada y hacer dibujos en la espalda he incluso hacer constelaciones con las pecas, la yema de mis dedos recordando lo que es piel, recuperar la sensibilidad en los dedos, dejar marca en la piel con las 4 rayas de tus uñas marcadas, caricias perdidas en el pelo mientras conduces a una carretera abandonada, contacto de piel suave y confortable.

Querido tiempo

Querido tiempo eres efímero, eres un suspiro mezclado con alcohol, sin que nos demos cuenta pasas, pasas rápido por nuestra piel y no lo valoramos, y es que cuanto tiempo hace desde que yo estoy escribiendo y tú estás leyendo, querido tiempo deja de pasar tan rápido y ve más lento, querido tiempo deja de manipular y lúcete más, querido tiempo déjanos recordar mientras tu descansas, y deja de provocar lagrimas debajo de la lluvia, deja de ir solo y búscate un compañero de viaje, deja de ser tan envidioso y empieza a sonreír, querido tiempo gracias por existir, pero déjanos vivir.

Cosas esenciales

Cosas esenciales son un buenos días con un café en la mano, sonrisas acompañadas de buenas compañías, cosas esenciales son risas a las 8 de la mañana, cruzar el pasillo hacia la puerta de al lado para darle un abrazo a tu hermano y a tu cuñada, cosas esenciales es caminar debajo de la lluvia y dejar que la lluvia te cale hasta el fondo, cosas esenciales es estar mal y que tu amiga te diga que os vayáis lejos y olvidarlo todo, cosas esenciales es sonreír en mitad de un beso, y un abrazo cálido con brisa mañanera de sabanas pegadas, cosas esenciales es dormir tanto hasta olvidar que día es.

Daño

Dicen que el daño duele el doble cuando llega por sorpresa, sin esperarlo, sin ningún indicio anterior de la tormenta venidera, por eso quizás los huracanes a veces se infravaloran comparándolos con los terremotos, porque duele mucho perder lo que quieres en cualquier ocasión, y si es de manera inesperada, sin que puedas hacer nada para evitarlo y sin siquiera tener una oportunidad para despedirte, quema por dentro, no deja de doler, nunca, pero aprendes a convivir con ello, solo hay que tener fuerza de voluntad y en ocasiones un apoyo que te ayude a sobrellevarlo

Ella

Ella se ha cansado de luchar y ha decidido tirar la toalla, llega a casa cansada emocionalmente de un día largo con una compañía a la que le da el nombre de amiga, reemplaza la cama por el agua de su ducha y allí expulsa las lágrimas que se estaban almacenando hace tiempo en sus pupilas, se enjabona el cuerpo y lo limpia de todo el veneno que ha tenido que aguantar de la gente que la observa andar sola por la calle y van atacando lenta y silenciosamente, se desnuda evitando rozar su propia piel, el rímel se desliza por sus mejillas, se siente sola en compañía de muchos, hace mucho que no sonríe.

Música

Gracias notas musicales por juntaros para crear canciones que me acompañan en cada instante de mi vida, gracias pentagramas por sujetar el peso de las notas, gracias guitarra por dejar que haya tocado canciones tan tristes con tus cuerdas, gracias garganta por dejarme cantar mientras me estaba ahogando con mis lágrimas, gracias letras por describirme tan bien y desgarrarme la piel y hacer que la tristeza invada mi cuerpo en cuestión de segundos, gracias por marcarme tanto.

Defectos

Hoy necesito escribir esto, desde hace mucho tiempo que no me siento a gusto mirando mi cuerpo en el espejo, nunca tuve la autoestima baja, de hecho me quería mucho a mí misma pero una persona a la que etiquetaba como amigo decidió quitarme todo el amor que me tenía a mí misma, yo no tengo el cuerpo perfecto como lo tienen la mayoría de chicas, no tengo el culo perfecto, ni el pecho bonito y mi vientre no es plano, yo no entro en la lista de belleza que tiene esta sociedad de mierda, siempre he sido una persona a la cual le importa una mierda la opinión de la gente, pero hace tiempo que el escudo protector que me salva de los comentarios y de la sociedad se ha debilitado.

Y me ha dejado vulnerablemente desnuda delante de todo el mundo, ahora no soy inmune a los comentarios y no hay barreras protectoras para curar mis heridas, he cambiado de opinión y quiero arrancarme la piel y hacer que mi corazón deje de latir, podría madurar y empezar a ver que los granos de mi piel son estrellas en una bonita galaxia, y que las estrías son carreteras que están marcadas en el mapa de mi piel, pero no consigo madurar ni dejar de ver el mapa vacío.

Ser tú

Es difícil ser tú en un mundo lleno de egoísmo, envidia y demasiados estereotipos, es difícil mostrarte tal como eres a la sociedad sin que te caiga una crítica gratuita, los que son ellos mismos sin importarle una mierda la opinión de la gente os felicito y los que no bienvenidos al club, es difícil ser quien quieres ser en un mundo donde la talla de tu ropa tiene que ser la que la sociedad marca, tu cuerpo debe de pesar lo que según ella diga, la ropa no puede ser demasiado llamativa si no quieres estar en boca de todos, no enseñes mucha carne si no quieres que te pase nada, no tengas una personalidad diferente a la de los demás si no quieres ser carne de cañón, no seas tú si no quieres salir mal parado.

Recordar

Todavía recuerdo la suave caricia de un rayo de sol en mi cara, como el viento sacaba a bailar a mi pelo, el tacto del agua de diferentes playas sobre mis pies, el calor y el frio al mismo tiempo en mi piel, el dolor de cabeza a altas horas de la noche por la fiesta, el ruido y las risas, ahora el único frio que siento en mi piel es el suelo en la planta de mis pies recorriendo la casa mil veces y el único dolor de cabeza que tengo es el llorar tanto rato seguido y aún me sigo preguntando en qué momento todo se fue a la mierda y es que echo de menos saltar en cualquier estadio de futbol mi canción favorita en medio de un concierto, estar sentada 4 horas en el suelo en medio de la calle para una firma de discos, 12 horas de coche escuchando diferentes géneros de música y cantando canciones desconocidas como si fuera la última vez que lo haga.

Para aquellas mujeres

Harta, harta de no poder salir sola a la calle, harta de que cada semana haya una noticia nueva por violación o asesinato, harta de tener que andar corriendo y temblar cuando te persigue alguien por detrás, harta de tener que hacer como que hablo con alguien por teléfono para que no me puedan hacer nada, harta de tener que despedirme de mis amigas y decirles que me envíen un mensaje de a ver si han llegado bien a casa, harta de que cada vez gritemos más y nos escuchen menos, harta de hablar y no ser creída, harta de ser menos sabiendo que soy más. Harta de no valorar lo que soy, Mujer.

Aves

A veces me gustaría hablar con las aves, preguntarles que se siente al volar, que se siente al tener la tierra bajo tus pies, alejarte de ella, me gustaría preguntarles que se siente al poder escapar de los problemas que los envuelven, desaparecer aunque sea unos minutos, dejar todo a un lado y por una vez en la vida ser libre, ser libre de comentarios y de heridas no cerradas simplemente sacar las alas e ir muy lejos.

Etiquetas

¿Por qué no podemos dejar de ponernos etiquetas como si fuéramos un producto de un viejo supermercado? Y si no sabes lo que te estoy diciendo lee atento, cuando vemos a la gente por la calle o nos la presentan le ponemos una etiqueta bueno es que hasta nosotros mismos nos ponemos etiquetas. Y no quiero decir que es culpa nuestra, porque no lo es, es culpa de la sociedad en la que vivimos que nos hace etiquetarnos como producto que se pueda vender. Seamos por una vez libres y dejemos de juzgarnos y de juzgar.

Lluvia

La lluvia es efímera, es una de esas cosas que simplemente pasa. Llega, cala hasta lo más profundo y se vuelve a ir como si nada, como si no hubiera mojado ropa y corazones. Es imprescindible, se escapa juega y se esconde como un niño pequeño. Cae débilmente, es tan fina que cuando acaba te ha mojado hasta los sueños, otras veces arrasa cae tan fuerte que cuando quieres darte cuenta ha derribado murallas y fronteras.

La lluvia es una de esas cosas que para bien o para mal, nunca deja de pasar. Y quien sabe hoy quizás llueva…

Humo

Una calada, dos, tres, ceniza al suelo, mechero encendido, humo colándose en mis pulmones, humo saliendo de mi boca, ultima calada, zapatillas chafando el cigarro, chicle en boca, y volvemos otra vez, vodka en mano, pupilas dilatadas, mente dispersa, nubes negras, pelo en la cara, casa, terraza, cigarro en mano, mechero quemando las letras de Marlboro, cascos en los oídos, Alice Wonder y Sebastián Cortés cantando bajito en mi oído, humo entrando y saliendo de mi boca, humo perdiéndose en el tiempo y enredándose con la luna, mezclándose con el aire, mis labios secos saboreando la boquilla, humo entrando y saliendo en mis pulmones.

Fragilidad

Cuando era pequeña no era la típica que se hacía daño en las rodillas cuando jugaba en el patio, no era la típica que rompía los uniformes, ni que llevaba parches en los pantalones, era una niña de cristal, máxima fragilidad que siempre era fácil de romper, me protegía escondiéndome de los posibles golpes, de las posibles caídas, y de las posibles piedras, hoy vuelvo a ser esa niña solo que mi cristal ya está roto, y mis parches se han vuelto tiritas, mi uniforme se ha vuelto el llorar, no puedo protegerme y ya me he caído cien mil veces, he recibido mil golpes, y 1+2-3 piedras no me han tocado.

Guerra fría

Llevo luchando toda mi vida, contra ¿qué? aún no lo sé, en la primera batalla perdí mi arma y mis amigos, en la segunda mi armadura y mi vida, no recuerdo cómo se sonreía, ni como se besaba, como se abrazaba, espera estoy blanca, ¿qué es esto bolsas u ojeras?, da igual vamos a seguir, vuelvo a la guerra, el combate se vuelve complicado, no estoy armada y tampoco protegida, voy a morir pienso, consigo salir, pero he vuelto a perder, llevo 3 me quedan toda la vida, volvamos a luchar, vuelvo a perder, llego a pensar que en esta guerra no se puede ganar, volvámoslo a intentar, esto se vuelve adictivo, pero he vuelto a perder, tengo frio en agosto y ha desaparecido mi piel.

Creo que no estoy bien, una pausa para respirar mientras estoy luchando, así que volví a perder, ¿ganare algún día algo?, no pasa nada nos quedan muchas guerras, pues entonces volvamos a luchar, pero está claro que vuelvo a perder, así una y otra y otra vez, esta guerra no es justa, aun así sigo sin saber contra que lucho, sigue luchando me dicen pero yo solo oigo sigue respirando no me dejes, espera ¿me he rendido? no, pues entonces volvamos a luchar para volver a perder.

Borracha

1 copa, 2, 3, 5, no bebas más, 6, la última en mi casa, estoy sola así que más para mí, lo cojo todo y me voy a la terraza, 1 botella, 2, 2 y media, lo empiezo a ver todo borroso, y me rio por todo, nunca he sido tan feliz mama, cierro los ojos mi mente empieza a volar, me voy a quedar en las nubes un ratito más, me pondré los cascos para poder cantar, no puedo pensar con claridad, pero no tengo en que pensar, me he perdido a mí misma y no sé porque he bebido hoy, ¿alguien me oye gritar? estoy en las nubes así que déjame un ratito más, hay que dormir me digo, pero la cama está muy lejos y el pasillo es muy largo, ¿porque no cierro los ojos un momento para poder recordar cómo se volvía a respirar?.

Lo sigo viendo todo borroso, que calentita sé está en las nubes.

Una mano se extiende enfrente mío, la cojo y me devuelve a la realidad, hace rato que estoy sentada en el suelo con los tirantes del vestido bajados y el rímel corrido por las mejillas, creo que he llorado, vale voy a confesar que no creo en Dios, pero ¿quién me ha devuelto a la realidad?

Invisible

Creo que nadie me ve, ¿alguien me oye? no creo que no, espera ¿dónde está mi voz?, he dejado de respirar, he vuelto a caer y nadie me ve en el suelo, estoy llorando, nadie ve mis lágrimas, he vuelto a morir, todo el mundo dice que estoy viva, no tengo ganas de sonreír, que graciosa eres dicen, no puedo más voy a gritar, no puedo nadie me oye, ¿me ves? porque estoy muriendo y tu no haces nada, pues entonces llorare en tu hombro, ¿porque todo el mundo me ve sonriendo y contando cosas graciosas si estoy muy mal?, me he vuelto invisible y me siento muy sola, rodeada de muchos pero sola, para, necesito respirar y pensar, ¿qué está pasando?

Para mi

Vivo llena de secretos, vivo llena de mentiras, de recuerdos en un álbum roto, deje tantas promesas sin cumplir, un corazón roto me espera en mi portal, no le cuento nada a nadie, soy un libro abierto pero cada día cambio la historia, llevo tantas etiquetas encima que dejado de ser libre, me cortaron las alas y he olvidado lo que se siente al volar, tengo el espejo lleno de post-its que me recuerdan quien soy porque a día de hoy he olvidado hasta mi nombre, tengo apuntado en una libreta lo que no puedo contar y lo que se va a quedar solo para mí, se quedaran para mí las noches mirando al techo con los cascos puestos y las lágrimas resbalando en lados opuestos, se quedaran para mí las noches de invierno echándome de menos.

Se quedarán para mí las noches cantando con la garganta desgarrada, y para ellos mentiras de noches riendo, que duermo mucho porque tengo sueño y que soy feliz.

Mano

En mi vida no he hecho más que dar la mano a gente, cuando alguien se ha caído ha tenido mi mano siempre, siempre todo el mundo ha tenido mi mano en su hombro para decirle que estoy ahí para lo que sea y que nunca voy a soltar a nadie, cuando yo me caigo ninguna mano me ha levantado, y eso es triste, porque me doy cuenta de que mi vida está llena de gente que no quiere caminar a mi lado, al fin y al cabo siempre me tengo a mi pero quiero y deseo tener una mano que me acompañe a ver el final de mi triste historia y que nadie me abandone a la primera piedra, ¿es tanto pedir? solo quiero una persona que me extienda su mano así como yo extendí la mía para tanta gente. Quiero una mano que entienda mi dolor, mi soledad y mi depresión.

Una mano que me ilumine el camino y que me diga que nunca voy a estar sola, una mano a la que preguntar si algún día dejara de doler, ¿el que? todavía no lo sé, todo supongo.

Una mano que me aclare los días porque estoy empezando a cansarme de la lluvia que me acompaña, quiero una mano que me deje ser libre y que me dé fuerzas para aguantar porque no creo que me quede mucho, una mano que me dé cariño, y que me levante, una mano, al fin y al cabo.

Sueño

Tengo un sueño recurrente que se repite día sí y día también en mi cabeza, el sueño empieza en que todo lo que me rodea, todo lo que me mata, todo lo que me duele ahora ha desaparecido, se ha quedado atrás, estoy viviendo la vida que creo que me merezco, tengo el trabajo que siempre he querido y la ciudad de mis sueños está bajo mis pies y lo más importante es que tengo a una persona a mi lado que me da cariño y aguanta conmigo cada batalla, en un día de esa vida tan maravillosa mi yo de ahora la que está sufriendo se sienta al lado de mí yo deseado, en un silencio incómodo las dos se miran y mi yo del futuro se acuerda de la niña que fue, la que aún habita en ella y eso le duele.

Le duele cada vez que no me han elegido, cada vez que no me han querido, cada vez que me he despedido, las veces que he rozado con mi mano mi cuerpo lleno de dolor y me ha inundado esa sensación de ahogo esa sensación que casi no me deja respirar, entonces cierra los ojos y deja de mirarme y empieza a escuchar el eco de mi llanto en las noches frías, ha movido la cabeza para otro lado y me ha abrazado, entonces se acuerda de que algunas veces como hoy en este sueño quisiera viajar al pasado y regalarme unas palabras que me defiendan de todo eso que no sabía que me dolía que me rompía y me desprotegía, pero entonces se da cuenta de que todavía no podía decirlo.

Reconstruirme

Quiero empezar de cero, pero conmigo misma, darme otra oportunidad y pedirme perdón por todas las veces que me quise rendir y por todas las que me eche la culpa de lo que me pasaba, arreglar lo que sea que este roto dentro de mí, olvidar todo lo que me duele y cerrar todas las heridas abiertas del pasado que se han vuelto abrir, convencerme de que no necesito a nadie, convencerme de que todo dejará de doler algún día, volver a recordar cómo me quería y ponerlo en marcha, dejar de curar a otros con mis cicatrices, convencerme de que me tengo que arriesgar más y que sea lo que tenga que ser, dejar de prometerme y empezar a hacer, recolectar todo y dedicarme todo el tiempo que yo necesite, quererme como si estuvieras queriendo a lo que más quiero, quererme, cuidarme y volver a reconstruirme.

Perderme y Encontrarme

Quiero irme muy lejos, huir, de todo y de todos, apagar el teléfono durante horas, días o meses, dejar todo atrás, quiero perderme sin encontrarme es raro porque ni siquiera me he encontrado y sigo perdida, pero me quiero volver a perder, me sienta bien estar perdida, seré una perdida perdiéndose que no se quiere encontrar, coger mi propia mano y no recordar ni mi nombre, dejar huella allí donde vaya por si algún día decido volver, morir y volver a nacer unas doscientas mil veces al día, escuchar m canción favorita hasta aburrirla, cantar hasta quedarme sin voz pero sobre todo evitar encontrarme, darle la espalda a quien me quiera llevar a mi reencuentro, huir siempre y llamarme de distintas veces por no poder recordar mi nombre, perderme y no saber lo que es encontrarse, porque sé que el día en que me aburra ser una perdida siempre estará el encontrarse y saber cosas que perdida ignoraba.

Pero de momento me quedaré así.

Fría

Me volví fría porque le di todo mi calor a gente que tenían claro que se irían de mi vida, me volví fría porque fui buena con personas que me calaron hasta lo más hondo de mi alma y después la rompieron en pedazos, porque siempre doy todo y no termino recibiendo ni la mitad, porque sin darme cuenta regale los últimos cachos de mi confianza a personas que no la valoraron, y al final como todo el mundo me canse y cambie para convertirme en una persona que recogió sus trozos de alma rota y confianza perdida y le dijo convencida a la vida que no volvería a pasar, que no se fiaría de las personas nunca más, por eso si me ves fría recuerda que es porque en algún momento de mi vida decidí ser buena y dar todo de mí pero me fallaron.

Pequeña yo

Pequeña yo te escribo esto para pedirte perdón, perdón por no haberte valorado lo suficiente, porque sé que si me hubiera dado la vuelta para ver como llorabas a las tres de la mañana abrazada a tu almohada cansada de tanto llorar jamás te hubiera hecho daño te lo seguro, créeme cuando te digo que yo también me hice daño a mí misma me prometieron mil cosas y me dijeron que había sido la mejor persona que habían conocido y que nunca me dejarían y fueron los primeros en abandonarme, y créeme que se lo que has sufrido, sé que las lágrimas más dolorosas son las que derramas en silencio y me odio por saber que yo fui la causante de esas lagrimas dolorosas, lo siento pequeña por romperte el corazón tan pronto, pero a veces es mejor la caída que nos rompe que la herida que se vuelve a abrir cada dos por tres, lo siento porque arruine tu niñez, y pensar que antes de mi eras Roma y Troya a la vez, estabas en ruinas pero eras extremadamente preciosa y estabas en llamas pero haciendo historia lo siento pequeña.

Amor consumible

Yo no creía en el amor hasta que el destino cruzo a la persona equivocada en mi camino esa a la que me obligo a querer y de la que me acabe enamorando, de la cual le dije lo que sentía y el silencio que creó ya me lo dijo todo, de la cual sigo enamorada, esa persona destrozó tanto de mí que he dejado de conocerme, ¿es tanto pedir un amor que si me sea correspondido? quiero un amor que me consuma tanto que no me deje respirar si esa persona no está a mí lado, quiero sentir que floto al besar los labios de mi amor, quiero llegar a casa y que esa persona me abrace hasta quitarme todos los males, quiero hacer la cama cien veces para volver a deshacerla mil veces más, quiero un beso en la frente y pasión, necesito a mí amor consumible que me enseñe a amar bien y de la manera correcta, que me consuma pero que al mismo tiempo me pare los pies cuando me haga falta, que mi mundo gire en torno a él y que él gire mi mundo entrono a nosotros, que me consuma con placer y dolor al mismo tiempo.

Día de mierda

Aunque penséis que no un día de mierda a veces sienta bien, no está mal simplemente sufres para volverte más fuerte, aunque en mi caso no es así porque en mi caso todos los días son días de mierda, hay algunos que empiezan con un color distinto y pintan a ser un día normal y soleado en el que me podría sentir fuerte pero al final siempre me derrumbo pensando en cosas que no tendrían que importarme una mierda, así que me muero cada día intentando que algún día llegue el momento en el que me vuelva fuerte pero ese día está tan lejos y tan cerca a la vez cómo diciembre y enero.

Te quiero.
No por cómo eres,
sino por cómo soy yo cuando estoy
contigo.

Gabriel García Márquez

Bajo mi piel

Cuantas veces te tendré que decir que no te vayas más de mi lado, que echo de menos dormir en tus brazos y que tus brazos pasen por mi cintura, esa por la que dejaste huella con tus besos. Echo de menos tus labios pegados a los míos y que tus labios hagan recorridos por mi piel, te echo de menos a ti, tú que sabías que sentimiento escondía bajo mi piel, podía ser tristeza, incomodidad, felicidad, decepción... Fuera lo que fuera lo descifrabas tan solo con mirarme a los ojos, descubrías cosas que ni yo misma creía que sentía. Por si no te ha quedado claro, te echo de menos, echo de menos que me mires a los ojos y me digas que todo va a salir bien, quiero que volvamos a ser nosotros, tú que con tu calma lo reconstruías todo, incluso los tsunamis que había dentro de mí, te quiero y eso implica todo, así que, por favor, vuelve.

Un primer beso

Dicen que un primer beso es el más importante, el que te cambia la vida, el más bonito, pero lo más gracioso es que las personas que lo dicen nunca lo han pasado. Las ganas que tienes de que tus labios eclosionen con los ajenos, las miradas pidiendo permiso para hacerlo, las manos temblando, y cuando por fin eclosionan el compás que mutuamente hacéis, pasos de un vals torpe sin práctica, dulce pero violento, los ojos cerrados para sentirlo más, las caricias con las manos pensando que igual el otro está incomodo, tú por dentro gritando de alegría porque llevas mucho esperando esto y cuando acabas, le miras y ves la octava maravilla del mundo así que os ponéis otra vez a bailar lento y sin práctica, amigo mío eso es un primer beso.

¿Que sientes?

¿Qué sientes? Esa es la pregunta más famosa que me han hecho cuando les hablo de ti, quieres saber cuál es la respuesta pues ahí va, ¿Qué que siento? Siento amor por él, siento que ha venido a mi vida para cambiarla, que cuando sus dedos me rozan mi espina dorsal tiembla, que cuando me aparta el pelo y se pone detrás de mí para darme besos en el cuello mi mundo se para, que cuando me mira a los ojos siento que estoy delante de la octava maravilla del mundo, cuando me susurra al oído que me quiere, mi labio tiembla, pero el aun así aprovecha para besarme y tirarme del labio, para después decirme que no tiemble, que solo me ha dicho que me quiere, pero lo que pasa es que él no sabe lo que provoca en mí.

Guerra bajo las sabanas

Dime que no te has quedado sin balas porque pronto va a empezar la guerra, la guerra de besos, de caricias, de tus labios quemando cada curva de mi piel, los míos dispuestos a explorarte, guerra de perdernos bajo las sabanas, y que nadie nos busque porque no nos va a encontrar, mis manos inexpertas acariciándote, las tuyas expertas tranquilizándome, aquellas balas perdidas que quedaron en la guerra son nuestros besos subidos de tono, aquellas guerras perdidas que acabaron en tragedia son nuestras guerras terminadas en tregua y acabadas en gloria.

Benditas las guerras contigo, si son bajo las sabanas.

Nosotros

Me encantas, me encantas porque cuando llueve y miro por la ventana tú aprovechas para pasar tus brazos por mis caderas y darme uno de tus besos en la cabeza, si, esos que hacen que me sienta protegida, me encantas porque cuando ocupas el lado izquierdo de mi cama quiero parar el tiempo para estar siempre así contigo, me encantas porque cuando tocas la guitarra en el sofá y yo te acompaño con mi pequeña e inofensiva voz estamos solos tú y yo contra el mundo, me encantas porque solo tú sabes hacerme rabiar despeinándome el pelo, mientras que yo enredo mis dedos en el tuyo, me encantas cuando me haces la tortura de cosquillas y no paras hasta que té de un beso, me encantas cuando nos relajamos en el sofá y pasas tus manos delicadamente trazando círculos sobre mi brazo, me encantas cuando estoy enferma y me cuidas, me encantas cuando me besas delicada y bruscamente a la vez, me encantas hasta cuando me recoges las lágrimas con tus pulgares, me encantas en esta y en más miles de situaciones que pase contigo. Te quiero y eso implica todo.

Nuestra cama

Cuidemos nuestra cama, esa que nos guarda confesiones, conversaciones prohibidas, besos robados, guerras de cosquillas, planes de futuro, siestas compartidas, lagrimas conjuntas, sollozos y palabras tranquilizadoras, caricias adormecedoras, te quiero tímidos, sueños profundos, pesadillas que acaban con besos tranquilizadores, planes de futuro, preguntas incomodas que acaban en enrojecimiento de mejillas, golpes con almohadas, melodías tocadas con la yema de los dedos sobre nuestras espaldas, lecturas en silencio, enfados que acaban en risas, e incluso conversaciones tan profundas que ningún psicólogo súper cualificado y buenísimo en su trabajo es capaz de entenderlas.

Así que, cuidemos eso.

Rompes mis esquemas

Me vas a volver loca. Y no me puedes hacer esto, no puedes entrar en mi vida y romperme de esta manera los esquemas. Ya lo tenía todo planeado, tenía todo cuadrado y con los resultados hechos, tenía la solución de la raíz cuadrada de dos, que es igual a casa, matrimonio e hijos, puede que también un perro, pero tú cogiste y me dijiste que la solución no siempre es así, que también puede haber un igual a viajes juntos, ningún hijo, mucho desmadre y nada de matrimonio, y lo del perro es equivalente, pero claro cómo voy a seguir mi solución si te miro y me dan ganas de mandarlo todo a la mierda e irme contigo al puto fin del mundo. Mis esquemas se rompen ante ti, mi piel se eriza ante tus dedos, y mi tinta se borra cuando te escribo para echarte de mi vida porque, aunque quisiera no podría olvidarte jamás.

Beso fugitivo

Aquella noche me beso, y aunque yo sabía que lo que teníamos, no tenía futuro correspondí a ese beso como si de verdad nos fuéramos a querer para algo más que no sea solo ese momento.

Llegue a pensar que mis labios lo volverían a rozar, que volvería a notar su perfume en mi ropa y su piel en mi cintura, su mirada tranquilizadora calmando mis mares y su burbuja de paz envolviéndome poco a poco y borrando todo aquello que hubiese a mi alrededor. pero solo fue eso un pensamiento más, no volví a ver su cara ni a tocar a nadie con su mismo tacto, pensé que eso se podría convertir en algo más que un simple beso fugitivo, pero en eso quedo en un beso que solo te pasa una vez en la vida.

Tú y yo

Fui feliz mientras tú me lo hacías sentir, me hiciste sentir algo muy bonito, contigo descubrí que a veces hay personas que están dispuestas a querer de verdad, esos meses pude respirar aire de verdad, mis labios no estaban secos porque tenían tu saliva sobre ellos, al quinto beso deje de contar cuantos estarías dispuesto a dejar, que sonrisa más bonita me dibujaste, como me ganabas a base de palabras, nunca tuve frío porque ahí estabas para arroparme, te cuide para mantenerte a salvo y para que no tuvieras motivos para irte, pero te fuiste de una manera muy bonita, sobre papel yace la carta de despedida más bonita, sobre tus fotos lágrimas y rosas marchitas, contigo pude sentir algo y deje de estar vacía éramos tú y yo el combo perfecto, nosotros contra todo, y no te puedo estar más agradecida porque me mantuviste viva y no me soltaste la mano en ningún momento del día y gracias por aparecer en mi vida, ojalá esto lo leas algún día.

Es tan corto el amor

Y tan largo el olvido

Pablo Neruda

Si, que duele

Dicen que cuando algo se acaba acabas olvidando, sanándote por así decirlo, pues siento decirte que sí que duele, que los golpes de realidad lamentándote de que quizás fuiste tú la culpable de que todo se fuera a la mierda duelen, y mucho. Decides pensar en otras cosas salir, dibujar o evadirte de todo pero es imposible evadirte de nada si ni siquiera le has olvidado todavía, que todo lo que ves te recuerda a él, la camiseta que le robaste, con la que tantas noches dormías, el vaso vacío del baño donde los dos ponías el cepillo y la pasta de dientes porque si, la compartíais, la libreta en la que tantos bocetos tienes guardados de él tocando la guitarra, porque ese era su pasatiempo favorito y para que mentir el tuyo también, dibujarle mientras él hacía magia con su guitarra, así que si alguna vez te preguntan diles que sí, que duele, te acostumbras pero duele y sigue doliendo todavía.

Frio y silencio

Tardes de nada y todo a la vez tardes de estar sentada en la ventana y ver como las gotas golpean el cristal porque si, llueve y mucho y que ironía que llueva cuando esa era vuestra frase para deciros "te quiero" porque nunca creísteis en las etiquetas y decidisteis inventaros un idioma "el idioma que tú y yo sabemos". Tu cabeza se apoya en el cristal mientras tus dedos fríos como la nieve intentan recoger una gota, intento nulo, estas protegida del frio detrás de un cristal, que estúpida soy piensas, notas que tu cara esta empapada, lagrimas que ni siquiera tienen sentido pero que siguen haciendo carreras mientras que tú te haces más pequeña al lado de una ventana, te sientes una niña pequeña a la que le han quitado el juguete.

Pero sin ser un juguete lo que te han quitado porque él se ha ido solo. Hace frío y mucho, además, sacas suspiros al sollozar suspiros calientes para intentar entrar en calor, pero no lo consigues intentas levantarte, pero estas tan débil que ni siquiera te nacen las ganas para ir a por una manta así que decides dejarlo pasar. Las paredes te miran con pena e intentan refugiarte en sus pechos, pero no lo consiguen así que allí te quedas tu sola en eso piso de 90 m² con el frio y el silencio.

Si te vas

¿Quién me va a recoger las lágrimas si te vas, quien me va a levantar si me caigo, quien me va a dar clases de guitarra un domingo lluvioso mientras me susurra al odio que me quiere? ¿Quién me va a abrazar por las noches? ¿Quién me va a dar los buenos días con un café y un beso mañanero? ¿Quién me va a hacer reír sin contarme ningún chiste? ¿Quién me va a apoyar cuando tú no lo hagas? ¿Quién me va a intentar subirme los ánimos picándome? ¿Dónde voy a encontrar un pecho donde me sienta en casa si no es el tuyo? ¿Quién me va a acariciar el pelo cuando veamos una película? ¿O quien me va a llevar a la cama cuando me duerma en el sofá? ¿Quién sí no eres tú?

Tú eras más de...yo soy más de...

Tú eras más de reguetón yo más de baladas

Tú eras más de guerra por las noches yo de treguas por las mañanas

Tú eras más de pelis de acción yo más de comedia romántica

Tú eras más de Paulo Londra yo más de Melendi

Tú eras más de besos en el cuello yo era más de mordidas en el labio

Tú eras más de guitarra yo más de bocetos

Tú eras más de conciertos en directo yo más de conciertos con tu voz y tu guitarra

Pero aun así lo intentamos.

Y no salió nada mal.

Hasta que todo se jodió.

Desde que te fuiste…

Desde que te fuiste soy otra persona, ya no soy la que se deja acariciar por las noches, la que apaga el despertador y se vuelve a dormir por la mañana, la que pide guerra en el desayuno ni la que quiere los domingos.

Ahora soy la que llora por las noches, la que no atrapa el sueño, porque sabe que, si se duerme te vera en sus sueños, la que te deja llamadas perdidas por las mañanas, pero sale de fiesta por las noches, como si al tequila y el vodka pudieran borrarte de mi mente.

La que está rota desde que te fuiste.

Juego del diablo y el pecador

Estoy cansada de las mismas heridas y los mismos golpes, de las mismas vueltas y de las idas y venidas, yo siempre fui el diablo de la relación y tú siempre eras el pecador que pecaba y que era la víctima, y yo la que hacía daño constantemente, así que cambiaremos de bando por unos instantes yo podre pecar y ver cómo se siente una víctima y tú tendrás que soportar todas las heridas que yo soportaba y todas las piedras con las que siempre tropezaba y en serio créeme cuando te digo que ahí te darás cuenta de que este estúpido juego no nos lleva a ningún lado.

Carta secreta

Hola sé que no leerás esto, pero me da igual te voy a escribir igual, es mi manera de desahogarme y no hundirme en mi propia mierda. Ojalá no pasara esto ¿sabes? Ojalá todo fuera como antes y contestaras a mis mensajes e incluso me devolvieras las llamadas, incluso que me dieras las buenas noches y los buenos días como cuando hacíamos si estábamos enfadados, ahora mismo estoy rota, y puede que sonría y me ría, pero estoy destrozada en muchos cachitos y cada uno de ellos llevan tu nombre escrito. Muchos intentan consolarme, pero ninguno lo consigue simplemente porque ninguno eres tú. Ninguno lleva tu aroma a café a las 10 de la mañana, ninguno lleva tu risa sonora después de un ataque de cosquillas.

Ninguno lleva tus besos en medio de una película cualquiera en la tele, ni siquiera llevan tu mirada con esos ojos verdes que me volvieron loca desde el primer día y hoy en día lo siguen haciendo. Te echo de menos y mucho, además, ahora entiendo a las personas deprimidas porque han perdido al amor de su vida, yo no te he perdido, pero siento que estoy a punto de hacerlo. Todo el mundo me dice que no este triste por ti que hay más peces en el mar, pero es que en mi mar solo había un pez, nadando siempre a la orilla para que lo cazara, ese pez eras tú que después de esa fiesta inolvidable tú rondabas por mi cabeza, no podía parar de pensar en ti, ahora tampoco lo hago, pienso en si algún día podrás contestarme y llamarme y decirme uno de tus tantos "Te quiero enana".

Tengo miedo también, tengo miedo de que me llames y digas que lo nuestro no funciona o que ya no sientes nada por mí, o que has encontrado a otra, espero que ese día no llegue porque me hundiré tanto que no podré salir a la superficie y si tú no me puedes salvar nadie lo hará.

Error

Fuimos demasiado deprisa, fuimos una tormenta de verano en medio de un día perdido en el mes de octubre. Lo nuestro no era bueno, nos conocimos en una fiesta y a partir ahí nos metimos en una relación. No digo que me arrepienta, ni mucho menos, fue la mejor experiencia de mi vida, pero no pensamos las consecuencias. Muchas horas en coche, dudas, echarnos de menos y vernos en tiempos muy limitados. Quizás si lo hubiéramos pensado hubiéramos jurado mil cosas que jamás cumpliríamos y yo paso de promesas no cumplidas. Y a consecuencia de no pensarlo nuestra relación dependió de un hilo, un hilo tensado que cualquiera que pasara podía cortarlo.

Si me vieras ahora mismo te reirías con una de tus risas tan sonoras, esas que me hacían reír a mí también. Pues aquí estoy escribiéndote cartas que sé que no vas a leer y mojando esta puta libreta con mis lágrimas, ¿sabes? Si hubiera sabido que después de besarte pasaría esto no te hubiera besado jamás.

Te voy a escribir

Te puedo escribir hasta quedarme sin tinta en todos los bolígrafos de mi casa, hasta que me salgan llagas en los dedos, hasta que no haya suficiente papel en el mundo para soportar mis lágrimas y que no se moje, pienso escribirte hasta que tu buzón reviente de cartas mías, hasta que el cartero este harto de mí y ya no quiera transportar más cartas en tu dirección, con tal de recuperarte pienso escribirte hasta el día en que me muera. Porque al fin y al cabo los mensajes y las cartas siempre se nos dieron mejor que las palabras así que siempre te escribiré, cueste lo que cueste te escribiré.

Te dejo.

Te dejo que entres por esa puerta y digas que no quieres verme más. Te dejo que me rompas en mil pedazos, te dejo que me borres de tu vida como si fuera un acento que se ha colado en una palabra equivocada. Te dejo que borres mis fotos de tu móvil, que quemes todos y cada uno de los bocetos que te regale y que te vayas con otras que te hagan la mitad de feliz que yo te hice. Te dejo que toda mi ropa que ocupa tu armario sea guardada en cajas olvidadas de cartón.

Te dejo ser feliz.

"Amigos"

Quizás me equivoque y no debí quererte tanto, pero fue todo tan rápido, de pasar a no hablarnos a estar en tu casa besándonos, y de ahí pasamos a huir uno del otro cuando pasamos por los sitios en los que nos veíamos, era incomodo encontrarte y no saber mirar tu cara, quizás fue un error decidir hacer las paces contigo y hablar, hacer como si no hubiese pasado nada me está matando, me mata que tú me trates como tu amiga cuando yo todavía busco tu reflejo entre los espejos, aún tengo la esperanza de que me mires cuando paso por tu lado o cuando paso por enfrente tuya.

Quisiera aprender a olvidarte, pero nunca fui demasiado buena en eso, ojalá tener un manual para olvidarme de tu risa, de mientras tendré que conformarme con cerrar los ojos y hacer como que no me afecta en absoluto que le sonrías a otra chica.

Tu recuerdo

Quiero que sepas una cosa, sé que cuando nos vemos me hago la dura delante de ti y que me rio y vivo mi vida, pero cuando llego a mi casa y las cuatro paredes de mi casa me dejan a solas con mis pensamientos mi mundo se derrumba, tu recuerdo me tortura y las lágrimas brotan de mis ojos así como lo hicieron tus mentiras de tus labios, labios que bese y recorrí, esos de los cuales si volviera a besar me sabría el recorrido entero, labios de los cuales todavía recuerdo su tacto. Y mientras yo me ahogo en mis propias lagrimas te veo feliz, como si ya me hubieras olvidado y mi mundo se vuelve a derrumbar para variar.

Todavía me duele cuando paso por enfrente de aquel parque en el que quedábamos para vernos y puedo ver como tu sombra se desvanece, solo quería que supieras que tu recuerdo no se ha ido de mi cabeza.

~~Mátame~~

Lluéveme

Aquí fuera llueve, lo veía necesario decírtelo porque la lluvia siempre ha sido parte de nosotros, después de un maratón de "Los hombres de Paco", nuestro te quiero se convirtió en un parece que va a llover. Pero hoy dentro de mí hay tormenta, de esa que arrastra casas y destruye ciudades, aunque esta es más discreta, esta me destruye a mí, y duele, duele mucho, duele cada rayo que cae, hace que mi interior se destruya cada vez más. ¿quién me hubiese dicho que nuestra lluvia nos mataría?

Si lo hubiese sabido jamás te hubiese ~~querido~~
llovido.

Final alternativo

Me gustaría haber tenido otro final, otro en el cual los protagonistas no acabaran bloqueados y escondiendo sentimientos en silencio, me hubiese gustado que el director de nuestra película de amor hubiese dicho que tenía un mejor final, un final alternativo en el cual hubiésemos acabado siendo amigos, aunque por dentro me arda el alma por decirte que todavía sigo enganchada a ti y es que dicen que tardas entre seis meses y dos años en olvidar a la persona que te hizo feliz por mucho tiempo, lo que no dicen los créditos de nuestra historia es que son seis meses de dolor y dos años de lágrimas perdidas.

Lugar rimado con dolor

Jamás me puse a pensar que todos los lugares que visitáramos dolerían tanto, de hecho no lo supe hasta que decidí volver, me recorrí cada centímetro cuadrado que recorrí contigo de la mano, por cada beso que nos dimos en esos lugares mis labios ardían, quemaban, y yo no paraba de quejarme de dolor, por cada abrazo piel ardiente, por cada te quiero un corazón roto, y por cada promesa dolor de cuerdas vocales, jamás pude pensar que lugar recorrido contigo rimaba con dolor, flashes venían a mi cabeza como si se tratara de una película abandonada regresando a una cartelera dolor mezclado con alcohol es lo único que podía sentir, dolor rimado con tus promesas.

Ingenuas palabras

Te dije una vez que si te ibas estaría rota por dentro, pero solo era una ingenua más pensando que no podría vivir sin su príncipe que poco a poco se fue convirtiendo en sapo, te dije que si te ibas las pelis de amor no serían lo mismo y que roma dejaría de ser amor escrito al revés, pero me torturo a diario pensando que si te hubieras ido del todo quizás yo hubiese podido convertirme en alguien que no lleva tatuado en su frente la frase de aún no te olvido, así que ya que te fuiste podrías aprovechar para llevarte la parte que se ha quedado clavada en mí.

Maleta

Me dijiste que me llevara mis cosas, pero no me dijiste que me llevara los cachitos de corazón que había todavía esparcidos por el suelo, me sorprendí, me sorprendió que todavía tuvieras mi ropa en el armario, el álbum de fotos mojado, me dijiste que se te cayó en medio de la lluvia, sé que la lluvia eran tus lágrimas, pero decidí dejarlo estar. No me cabía todo en la maleta, así que tuve que tirar un par de cosas como por ejemplo los recuerdos juntos, las canciones que llevaban tu voz y la mía mezclada, el boli con el que pintabas estupideces en mi espalda, la botella de tequila que compramos para aquella fiesta que acabo con tus dedos en mi pelo, me dejaste y yo no te olvidé, en mi maleta voy a vivir todo lo que no pudimos vivir, en mi maleta soñare por ti.

Entre mis dedos

Mis sabanas te estuvieron esperando, yo espere tu sonrisa cada mañana, y tu espalda desnuda para dibujar acordes menores en ella, busque tu olor por toda la casa pero no pude encontrarlo, tu sonrisa dejo de escucharse y tu ropa desapareció de mi armario, las botellas de tequila y ginebra se amontonaban en mi terraza, el humo de los cigarros se apoderó de mi cuerpo, 3 cajas van ya, empiezo a ver borroso ¿eres tu?, creo que no, prometimos un para siempre y nos quedamos en 2 meses, vuelve a tenerme, ¿porque desapareces?, te escurres entre mis dedos para decirme que te vas, para siempre, entonces me prometiste un para siempre de soledad, no me dejes, otra vez no, a la tercera va la vencida.

Entre los dos podemos acallar bocas y rumores que no nos dejan ser felices, podemos hacer tantas cosas que el tiempo no sabría por dónde empezar, ¿porque vuelves?, es eso lo que me prometiste, un para siempre de desapariciones entre mis dedos.

Vals perdido

Regálame un último vals, un último beso al acabar la canción, indícame los pasos porque estoy dispuesta a seguirte, marca tú el compás que quieres que nuestras bocas lleven, un último baile en el salón, dime te quiero una vez más que la última vez no te escuche, dame tu sonrisa una sola vez más, agárrame la mano mientras caminamos a ningún punto en concreto del mapa, deja que note tu aliento en mi cuello una vez más, regálame una última mirada que compense este vals perdido, vuelve a escribirme que me recoges a la salida, háblame despacito al oído por las mañanas, prepárame una última taza de café, quítame las lágrimas de la cara con tu pulgar una vez más, elige tú la canción y yo elegiré el vestido, vamos a bailar una última vez, llévame a ver las estrellas, piérdete en mis sabanas, dame una última gota de nuestra lluvia, vive conmigo una última vez, baila cariño baila una vez más un vals conmigo.

Bailare con tu fantasma

Has desaparecido y ha salido en las noticias que nuestro amor a muerto, tu fantasma se me aparece por las noches y me arropa mientras muero lentamente, creo que me estoy volviendo loca porque tu fantasma me ha ofrecido volver a revivir algo que ya no existe, creo que ha sido mi imaginación que me juega una mala pasada, pero aceptare la propuesta, me he arreglado con un vestido negro para que la muerte sea testigo esta noche, me has sonreído al verme, no puedo tocarte te escurres entre mis dedos otra vez para variar, pero da igual aun así aceptare tu baile, recordaré como era tocarte, ¿quieres que nos besemos? porque puedo intentar recordar como nuestros labios también bailaban, pero esta noche solo es para nosotros, esta noche voy a volver a bailar contigo, bailare con tu fantasma.

Esperar

Me tuve que ir y te prometí que volvería, tú me dijiste que no sabías si podrías esperarme tanto, yo te dije que lo tenías que intentar al menos por nosotros, al final lo intentaste, me prometiste que me esperarías, fueron meses de puro sufrimiento, al principio nos llamábamos a todas horas y los mensajes no cesaban, pasadas las semanas las llamadas paraban y los mensajes disminuían, pasaron las semanas y ya no habían llamadas ni mensajes, al final volví y tú dejaste de esperarme, al volver te llame para decirte que dejaras de esperar que aquí me tenías sola para ti, tu mensaje me destrozo tanto que deje de creer en el amor *"deje de esperarte hace tiempo, en cuanto puedas llévate tus cosas"*, mi mente se paró y el mundo dabas vueltas demasiado deprisa.

Nunca me lleve mis cosas me daba miedo volver a verte, hoy en día solo puedo pensar ¿tan difícil era esperarme de verdad?, no me dejaste cumplir mis promesas de vivir una vida para siempre llena de besos y estrellas, solo tenías que esperar lo demás ya lo hacía el tiempo por nosotros.

Heather

Veo como la miras, tú nunca me miraste de esa forma, como la tocas como a mí nunca me tocaste, como la besas de una manera que nunca me imaginé que podías hacer, dime ¿qué te prometió ella que yo no te prometí? te di mi mundo en bandeja y tú decidiste cogerlo para dárselo a otra, mis secretos fueron revelados al mundo solo porque decidiste que no me destruiste suficiente y que tenías que hundirme más, dime al menos que ella no te acaricia la espalda como yo lo hacía, y que no te besa de la manera que yo lo hacía, veo como le das tu ropa y la rocías con tu colonia antes de dársela como hacías conmigo.

Veo como tu brillo en los ojos se ilumina cada vez más cuando la miras, me comentan por ahí que recorres su piel sin dejarte un solo milímetro, acaso ¿mi piel nunca te fue lo suficientemente larga para recorrer?, me he dado cuenta de que eres feliz y no sé si derrumbarme o felicitarte, si ella te da todo lo que yo, no deseo que soples muchas velas a su lado.

Rosas

Una rosa por mi cumpleaños, roja como la sangre que caía de tus dedos al pincharte con las espinas.

Una rosa por nuestro aniversario, siempre eran rojas, me acuerdo de que olían tan bien que me pasaba rato oliendo el aroma de esas rosas. El tiempo pasó y las rosas se volvieron azules, significado de que querías que nuestro amor fuera eterno, y lo pudo haber sido hasta que las rosas se convirtieron en el color negro, significado de que dueles, y mucho, tengo dos ramos en la habitación rosas azules mezcladas con rosas negras, amor eterno mezclado con dolor, significado de que aún no te supero y de que me sigues doliendo.

He olvidado

Me he dado cuenta de una cosa y es que escribo más cartas de desamor que de amor, gasto más tinta en repasar la letra que se moja con mis lagrimas que a remarcar tu nombre y dibujar corazones alrededor, y la verdad es que no me importa, hace tiempo que intente comenzar a olvidar, meses después lo logré, he conseguido borrar toda huella que dejaste sobre mi piel, todos los besos que se te olvidó recoger sobre mis labios y mi cuello, gaste demasiado champú en borrar el tacto de tus dedos enredados en mi piel, he gastado todas las cajas de tiritas que había en el supermercado en tapar las heridas que tú volviste a abrir, he tenido que limpiar demasiadas botellas de alcohol vacías en el suelo y colillas gastadas que marcaste con tu saliva.

Se me han acabado las cerillas por quemar las sabanas que guardaban mil secretos nuestros y las fotografías que nos hicimos juntos, hay discos rotos en la basura que se rompieron al enterarse de que no volveríamos a cantar juntos las canciones que ellos llevaban dentro, he conseguido a hasta olvidar como te llamabas y tu apellido no está registrado en mis páginas amarillas.

Septiembre

Soplare las velas en mi cumpleaños por ti y por mí, por nosotros, por pensar que si hubiéramos dejado a un lado nuestro orgullo, hubiésemos podido soplar estas velas los dos juntos, las soplare por todo y por nada, por todo lo que vivimos y por nada de lo que nos queda, me encantaría poder mandarte una foto y decirte que pidamos el deseo los dos juntos, poder regalarte mil besos más por la mañana y mil abrazos por la tarde, por más de doscientas mil caricias por la noche, y que tú me pudieras haber regalado mil besos sabor a café, doscientas sudaderas por estrenar y toda la vida oliendo tu aroma, abriré los regalos fingiendo que no me importa que no estés aquí conmigo disfrutando de la fiesta sabiendo que después nos perderemos el uno en el otro.

Brindare con cava por olvidarte, y me beberé el vino esperando que ya te hayas marchado de mis recuerdos. Felicidades, por cierto, que sepas que septiembre se ha vuelto mucho más frío desde que cumplo años sin ti.

Promesa

No me digas que te deje entrar en mi corazón mientras tú te drogas para evitar cualquier indicio de realidad, porque sé que le regalaré mi corazón roto y pegado a celo a una persona que no lo va a cuidar y que lo va a volver a romper, solo te digo que yo no regalo corazones sin saber en qué manos van a estar, soy complicada y no tuviste ninguna intención de conocerme, con muy poca gente me siento yo misma pero está claro que tú eso no lo sabías, yo necesito una persona que se quede con ganas de mí después de haber pasado tiempo conmigo, alguien que esté lejos y me haga sentir que está muy cerca, y tú eso no me lo pudiste dar, no me preocupa que no estés ahora de hecho no me importa.

Lo que me jode es que no tuvieras el valor de decirme antes de abandonarme que no querías estar, me dijiste una vez que a la persona correcta no hay que convencerla de que vales la pena.

Y ahora que me he acordado de que tú siempre me convenciste de que si la valías, entonces me doy cuenta de que nunca fui tu persona correcta y tú lo sabías mientras también sabías que eras la dilatación de mis pupilas cada vez que te veía, ¿sabes una cosa? una relación no funciona si las dos personas no están dispuestas a darse la mano y crecer juntas, no te culpo de nada pero está claro que yo jamás te haría nada parecido, yo no te juraría nada que no fuera a cumplir y eso nos hace muy diferentes

En otra vida

Si volvemos a nacer en otra vida ¿me amarías? harías cuanto pudieses por buscarme para volver a ¿conocerme? costase lo que costase moverías tierra mar y aire para volver a ¿reencontrarnos?, en circunstancias totalmente diferentes a las que hemos vivido y nos hemos conocido ¿me besarías? en otra vida donde terceras personas no existen y la lluvia no ha dejado de mojar techos dime ¿me abrazarías?, porque yo en otra vida te buscaría para decirte que quiero mi vida a tu lado, que quiero que mi mundo empiece y acabe contigo de mi mano, y que soy capaz de crear un lugar con mis propias manos para que nadie se pueda meter en nuestra mente para alejarnos, inventaría Roma, París y Londres solo para volver a verte, porque sabes tan bien como yo que entre tú y yo siempre habrá una próxima vez, una próxima vida, y mil veces más para volver a vernos.

Cierre de historia

Nos queda la última despedida pendiente, el último beso en la frente, acompañado de un ojalá te vaya todo bien. Nos queda escribir la última carta que dejará su polvo en el buzón, el último mensaje que le dará paso al bloqueo de contacto, la última llamada que se guardará en archivados para no poder martirizarnos con las últimas palabras que escucharemos de la boca del otro. Nos queda pendiente la última noche la cual alargaremos a tres semanas para poder estudiarnos la piel del otro, y así recordarla en noches de insomnio. Un último café por la mañana para no poder contener las lágrimas cuando tenga que comprar solo un paquete. El último bolígrafo que cuente el último párrafo de nuestra historia, el último rubor de mejillas que aparezca al verte, los créditos de la película y la última página que le da paso al cierre de historia.

Tu nombre

Aunque los dos pensemos que ya no significamos nada en el uno para el otro, que nuestros recuerdos ya no causan nada en nosotros y que no nos duele leer y volver a leer nuestras conversaciones, aún siguen nuestros nombres tatuados en nuestra piel, y aunque pase todo el tiempo del mundo no puedo sacarte de mis pensamientos, tu ausencia se presenta todas las noches para recordarme que ya no estas y que no vas a volver, y aunque a veces logro sentirme feliz y libre de tu recuerdo vuelves atrapando mi mente convirtiendo eso en un bucle eterno, no sé cómo borrar nuestro tatuaje, como deshacer los nombres unidos para separarlos y afrontar la realidad de que jamás se volverán a unir a mi manera, ¿cómo borraste mi nombre tan fácilmente? porque el tuyo me roba la vida y me une a ti cada día.

Todos quieren tener amigos
y nadie quiere serlo.
Denis Diderot

Esa persona

Cierra los ojos y piensa en una persona, piensa en esa persona en la que puedes confiar ciegamente, en la que le darías tu vida sin pensarlo dos veces, esa con la que has compartido muchas historias, unas no tan perfectas como otras, pero geniales igualmente. Esa a la que le gritarías a los cuatro vientos que la quieres, que es especial en tu vida, que llegó para quedarse y rezas para que no se vaya nunca, esa por la que cada día que pasa tu mundo es mejor, esa que ha borrado tantas lágrimas en tu cara que ya se sabe el recorrido de memoria para quitártelas, vale pues déjame decirte que las mejores personas de tu vida son las que acaban traicionándote, y las que al mismo tiempo te marcan como si se tratara de una quemadura recién hecha.

Cambio de personas

He pasado por muchas fases en mi vida pero jamás por la que estoy pasando ahora, he perdido a personas que pensaba que me hacían más fácil el camino pero en realidad solo hacían que poner obstáculos, personas que pensaba que siempre estarían ahí y que no traicionarían pero resultó ser todo lo contrario, personas con las que he compartido media vida, he cambiado y me he vuelto una persona que solo se lleva por sus sentimientos, sentimientos de los que no estoy orgullosa pues solo hacen que hundirme la vida, no se hacia dónde estoy llevando mi vida y no sé si me arrepentiré pero espero dejar de cambiar de personas y de perder media vida con ellas.

Lista de enemigos

Me prometí no escribirte ni darte importancia, pero fuiste parte de mi vida y creo que necesito escribir sobre papel lo que me hiciste sentir así que como dijo Hannah Backer "bienvenido a tu cinta". O más bien dicho a tu carta.

Espero que hundir parte de mi vida y autoestima te haya servido de algo porque está claro que para algo te ha servido si no, no sé porque lo hiciste. Te disfrazaste de amigo durante todo el curso y yo ingenua no vi más allá de tú máscara, te ayudé durante un gran largo tiempo con tus problemas en casa y te tendí mi mano en todo momento y tú solo hiciste que tirar de ella hasta dejarme sin piel, aguanté todo tipo de comentarios pensando que era tu tubo de escape por lo que te estaba pasando pero pasado el tiempo llegué a la conclusión de que eso no era así, me hundiste la vida, y me jodiste bien jodida, sufrí más de lo que tu podías sufrir en tú casa. Me hiciste creer que mí existencia en este mundo era nula y que a nadie le importaba, tus comentarios se clavaban tan adentro de mí que perdí las fuerzas de seguir luchando contra este mundo, todo el mundo sabía que sufría pero ahí estabas tú para decirle a los demás que tú eras la victima sabiendo perfectamente que tú eras el asesino, mientras que yo sin darme cuenta era la víctima que no sobrevivió, morí tantas veces por dentro que perdí la cuenta, perdí la cuenta de todas las heridas que me dejaste abiertas y de todas las lágrimas que malgaste por tus comentarios de mierda, y así me dejaste con medio cuerpo acostado en la tumba y otro medio débil a punto de dejar de luchar.

País de las mentiras

Duermo con la puerta cerrada por si el conejo del país de las mentiras decide volver a invitarme a su maravilloso y doloroso mundo, ese en el que los chocolates y las chuches son cambiadas por heridas y caminos de cristales rotos, todavía recuerdo el día en el que decidí pasar media vida en ese país atrapada con almas rotas, con muchas sombras persiguiéndome y con sonrisas falsas a mi alrededor, él me advirtió antes de darme la invitación me dijo que si quería amor y placer tenía que pasar por el dolor, pero a mí el amor y el placer nunca me llego, tuve un montón de personas a las que tenía que llamar amigos porque pensaba que eso eran.

Las reglas eran que si estabas mal y te preguntaban tenías que decir que todo estaba bien tenías que mentir para que el dolor fuera menos doloroso.

Tu vida allí es una montaña rusa que constantemente está en bajada, todo el mundo te dice que estarás bien, pero tienes que saber que eso no es verdad, no hay verdad en el país de las mentiras.

Juego

He vuelto a perder, o más bien a perderte, empecé una partida contigo y me ilusione pensando que jugaríamos toda la vida, pero en una ronda te perdí y se acabó el juego, tiempo después volvimos a jugar y también me prometí que la partida llegaría hasta la ronda final, te volví a perder, así que te invite a una partida más, me ilusione y llego a su final. Te he vuelto a perder y no creo que quieras volver a jugar, solo una más te pediría, pero no creo que quieras volver a abandonar la partida para volver a jugar, te prometería mil cosas, una ronda sin final, pero no me creerías, lo siento por querer jugar a vivir mi vida contigo amiga.

Salir y volver a entrar

Dime como consigues salir y volver a entrar sin que nada te afecte, abres la puerta de mi vida y la cierras como si no te importara que yo salga herida, apareces y desapareces como una canción de verano, como una colilla en el agua, como el humo en el aire, te quedas en recuerdo y yo tengo que vivir con el hasta que vuelves, cada vez tardas más pero al final siempre vuelves, tu sonrisa se marca a fuego lento en mi piel, y tu voz me susurra por las noches que no vas a volver, esta vez no, tus ojos me miran mientras yo me caigo y vuelo a caer, ¿porque me rindo tan fácil contigo?, este corazón está empezando a apagarse mientras tú abres y cierras mi alma como un descosido de aquella falda que llevabas en invierno.

Para por favor porque he empezado a olvidar quién eres y porque vuelves, mírame y dime ¿puedes llegar a querer a un alma que te ha empezado a olvidar?,

¿te llame hermana? pues creo que me olvidé, cantamos alguna vez en algún lugar que jamás nos dejaríamos la una a la otra, pero has salido 3 veces y has entrado 2, falta una, hermana.

No te dejaré

Cógeme fuerte porque vamos a vivir, nos cogeremos de la mano y vamos a caminar, vamos a pisar tierra, cielo y mar, el viento va a mover nuestro pelo al compás de una canción lenta, el tiempo va a ver cómo somos dos amigas que poco a poco se van convirtiendo en hermanas, no me sueltes te dije, no me abandones me dijiste, cuídame te dije, tú prométeme que no me vas a soltar me dijiste, no lo hare pero aquí no, te cuidare y no te soltare en otro lugar, no lo hagas dijiste, prométeme que te vas a acordar de mí, no lo hagas, y vas a ser feliz, no lo hagas, vas a reír y vivir, no lo hagas, por las dos, por las dos no lo hagas, viaja y visita mundo por mí, no lo hagas, si no lo hago me soltaras en cualquier momento del camino y no quiero sufrir más.

Te cuidare y no voy a dejarte jamás, nunca soltare tu mano, te voy a proteger siempre me prometiste, al final cedi y decidí volver a coger tu mano para seguir el camino que dejamos a medias, te cuidare y protegeré te prometí, te cuidare y te protegeré me prometiste, siempre estaremos una para la otra prometimos, siempre.

Fin

Nunca me plantee un final para nuestra amistad pero si hubiese sabido que acabaría así hubiera buscado otra forma para no acabar así, realmente jamás quise que todo acabara así de mal, pero sin esperarlo todo acabó así, aunque no quieras te voy a seguir cuidando porque hay que cuidar mucho a la gente que te supo conocer de verdad, sé que todo sin mí te va a ir genial porque solo con tu sonrisa eres capaz de hipnotizar a todo el mundo, en cambio a mí sin ti no me irá genial, estaré bien eso seguro, podré sobrevivir, pero llegara un punto en el que me acostumbraré a sonreír aunque este en la mierda todo porque tú no estarás conmigo para decirme que no hace falta fingir.

Gracias por esto

Hola lector si has llegado aquí es porque has acabado de descubrirme, te he abierto las puertas a mis pensamientos y a mi vida, espero que te haya gustado leer esto tanto como a mí me ha gustado escribirlo. Gracias a mis padres por cuidarme y educarme, gracias a mis amigas por apoyarme en esto, gracias a los que no me apoyaron y a lo que me hicieron más difícil el camino porque gracias a ellos estoy aquí, gracias a las tardes inspiradoras con vosotros, a la editorial que me ha ayudado a hacer posible este sueño, gracias simplemente por hacer esto real.